구조적 못질

형상시인선 13

구조적 못질

홍준표 두 번째 시집

북랜드

自序

머리 닿자
덜컥 좌탈입망

꽃 핀 홍매화는 숙면이다

석 달을 우려내고 남은 건더기
재어 먹든지
우려먹든지

꽃잎 없은 독단지가
무겁다

— 詩「입춘 부도立春浮屠」 전문

차례

집짓기 혹은 동상이몽 2

3 블록 딜block deal

Amazing한 사건 4

1
만다라 속의 새를 꺼내다

행운을 삽목하다

물관을 찾다가 귀퉁이 물컹해진 날은
돋 아 나 라 뿌 리
주문을 외면서
행운목 들여다본다

턱턱 걸리는 숨 가라앉힐 게 뭐야
날씨는 우울하잖아, 그치
용기 내어 절망을 참수했으니
너의 떨림으로 내 우둔을 깨워 주었으면 해

핑 돌던 눈물의 목덜미를 주무르다
토막 난 몸통에 닿았으니
옆구리에서, 어깻죽지에서
근지러운 팔 뻗어 올릴 푸른 행운이여

한줌 흙 깔아주면
돋아날 것 같은 실뿌리인데
앓던 내 배 어루만지던 할머니 약손은

나무의 몸속 어디쯤에서
핏기를 돌리고 있는가

온기는 언제나 두런두런 올라오지
발바닥에서부터 차오르지
너의 떨림을 받아 삼킨 순간에야 나는
이파리들이 머릿속 넘실대는 것도
눈물의 힘인 걸 알게 되겠지

후진이 있었다

덜 꺾인 줄기가 끝내 씨앗만큼은 살려낸다
한해살이 풀 까마중의 모성을 본다

몸 붙였다 해봤자 금 간 자리지만
낡은 벽에 빗물이 들까 싶어
미운털 박힌 줄기 움켜쥐고 힘 잔뜩 주기도 했었는데
틈을 끈질기게 쥔 뿌릿발이 더 억세었는지
해마다 그 틈의 자리는 까마중 차지다

덜렁, 덜렁거리는 허리께
벌써 몇 번을 치이고도
시들 부친 아, 그 끝머리 소복소복 까마중 열매
가을볕을 어금니로 꼭꼭 씹어서
찰싹 달라붙은 내일의 입술에 흘려 넣는다

멀리서 눈동자 굴리던 참새 한 마리
어미 품 떠나 손 흔들던 날 어제 같은데
도회로 나와 몸 뉠 세간은 마련했으니

이제 내가 매단 올망졸망한 눈들
멀고 척박한 땅으로 떠나보낼 일만 남았다

아직도 한가한 마당과 심심한 벽의 모퉁이지만
백 년 후 물기 마른 행성의 뒷켠에서
까마중은 은하로 건너갈
검은 눈알의 광택을 닦고 있는 것이리

무참히 저지른 후진의 자리
찔끔찔끔 흐르는 젖물에 등골이 오싹했다
지은 죄의 분량만큼

회춘하다, 엘리베이터 앞에서

저절로 이상해졌다
두레박 단추 12층에 눌러놓고선
하늘까지 올라가기를 바라던 그때처럼

이 시각쯤이면 내려오는
그녀는 생강꽃

코앞에서 고드름처럼 쓱 열렸다가
합장하듯 덜컹 닫히는 문
그대로 두는 이 심사는 뭐지

안 고쳐도 좋을 옷매무새 들썩거리며
하나, 두울, 세엣, 열 세기를 시작하는
그러고 보니 채 열이 완성되기 전에
두레박은 13, 19, 더, 더, 27

하늘 가는 미사 길에도
멈췄다 내려오는 떨림이

훔친 선녀의 날개옷 바스락거리는 소리로
두레박은 또각또각 심장이 된다

발 빠르게 조간신문 돌려도 숨차지 않던 새벽길
나비 날개 잠옷 귀 작은 윤희를 보려고
크게 내 이름 불러놓고
멍하게 서 있던 빈 골목이
이제야 팽팽해졌다

생경하다, 끌어올려진
두레박 물속에 갇힌 그녀의 낯빛

허공을 단련하다

거미를 보러 간다, 벌써 나흘째
헬스클럽 창밖 조명등 아랫자리
시간의 틀에 발가락이 낀 거미는
벤치프레스를 들어 올리거나
하체 근육을 단련시키지 않았다
러닝머신 혹은 자전거 타기의 어떤 동작도
보여주지 않았다
연나흘 굶주림을 움켜잡고도
앞발로는 시침을 끌어당길 뿐
벌레의 통로를 확신하고 있는 거였다
허공 아래 제 삶을 옥죈다는 건
퉁퉁 뒷발질에 몸 섞는 일
초침에 불과한 그가 적막에 가 닿기까지
삶의 추는 무거운 아랫배를 흔들 뿐이다
빛을 찾는 것들은 당겨졌다가 밀렸다가
자성磁性의 그물에 붙어 옴짝하지 못할 때
거미는 하늘의 꽁무니에 그냥
매달리고 싶었던 것이다

확신 없이 가쁜 숨 몰아쉬는 나는
한 시간째 발바닥으로 절망을 밀어낸다
모퉁이 닫고 각을 꺾으려 했던 발가락에는
마디마디 조립해야 할 나사 빠진 시간이
지금 제자리를 찾아가는 중
몇몇은 다이어트 위해 헬스클럽 찾지만
아랫배가 내겐 삶의 관건이므로
칼칼한 외로움 뽑아내기 위해
지키고 있는 이 길이 벌레가 지나갈 길이라고
거미 닮은 형형한 눈빛이다

화살받이

껍질은 포실한 삶의 얼개였던 거다
누가 봐 주지 않아도
물 샐 틈 없이 감싸 안는 알맹이

변하는 거다, 져줄 뿐이다
찢어져도 좋다
임무 다한 수식어들, 제 먼저 집으로 돌아간 뒤
낭자하게 흩어진 동료의 살점을
한 점, 한 점 주워 모으는 껍질들

쓰레기 수거차가 달려올 때
알맹이를 꽉 쥔 호두의 주먹을
억지로 펴게 하는 것이 아픈 도시였다

밤새 끙끙 앓던 나, 빨아들인 열기를
무명실로 조절한 흔적에서
쑥쑥 자라는 것은 껍질이다

>

낮게 버려지는 것은 자만 않기 위해서라고
한 줄 써 놓고 보니
이후 돌아가야 하는 다 벗은 답이
알맹이 없는 문장이 되고

만다라 속의 새를 꺼내다

뚝 부러진 마른 감나무 옹이에서
깃털 검푸른 새 솟아오른다

날씨는 이렇게 푸르고 멀쩡한데
캄캄한 물, 난데없이 덜 떨어진 이무기가
긴 꼬리로 내 허리를 냅다 감더니 패대기친다

강에선지 늪에선지 잘 모르겠지만
아무리 생각해도 꿈이 아니고서는
이건 정상이 아닌 듯 정신을 차릴 수도 없다

공중을 돌아보는 내 몸통은 밤새 뒤척이며
날 샐 때까지 잘린 몸 찾아 전전긍긍
공돈을 주겠다는 말도, 집을 지어주겠다는 말도
귀에 들어오지 않았다

귓불에 뿜어대는 훅훅 어두운 빛줄기도
몸 끝을 데우는 흰 손의 애무도

구멍구멍 뚫린 내 뱃속 막을 수 없어
그냥 원래대로 몸뚱아리만 붙여 달라는
생떼 쓰듯 소원이 생겨나고 있었다

날아간 새들을 잡으려면 나도 그도
시간이 필요하겠다
시퍼렇게 날 설 때까지 새로 벼려야 할 칼날
치밀어 오르는 울화를 놓고 어느 부위 먼저 잘라야 할지
나 지금 계시를 기다리는 중

말라서 저절로 몸 무너뜨릴 감나무에게는
누가, 빨리 어두워지라고
어떤 작당을 한 게 분명하다

취급주의 당신

허우적거리다 손톱 벗겨진 가로수 쳐다본다

쇼윈도 창 안에 선 당신
마침내 백화점 걸개는 할인판매를 알리고
노란리본을 떼어 낸 사람은 보란 듯
모자를 쓰고 목도리를 둘렀다

아직 가봉되지 않은 내가 코트를 입을 차례다

책상물림 당신은 새벽부터 안개 슬슬 피우면서
모눈종이, 컴퍼스, 모나미 153 곧 그려질 곡선과 논의 중이다

어둠에 가려졌거나 빛에 가려진 몸의 굴곡이
종잇장 위에 차곡차곡 구술되고
준비된 도구들이 내 패션을 공론화한다

입 다문 철제클립은 지시에 따라 녹슨 내 목덜미 잡을 것이고

나는 기록에 대한 어떤 저항도 못 해보고
일관성의 굴레에 여지없이 걸려들 것이다

새털 같은 햇살이며 물푸레나무며 이것저것 재어두기도 했으나
내가 준비한 물상들은 도무지
올 가을에 어울리는 코트를 제작하는 데
소용되지 않는다는 것을 알아차린다

아무 것도 준비할 필요가 없으니까
수로에 뒤집힌 배처럼 나는 그대로 있기로 한다

쇼윈도를 비춰보는 성형된 얼굴들은
제 매무새를 추스린다
저이들 치올려질 당신 손 기다린다

마네킹처럼 당신은 그냥 있기만 한다

구조적 못질

부푼 쟁반이 받쳐 든 치킨에
벌레가 바글거린다

아비규환 물정 모르는 순진한 꼬꼬댁이
가진 돈 몇 푼 다 말아먹고 비워 준 가게
팔목 떨어진 마네킹이 지키는 가게
때 묻은 앞치마가 저 혼자 펄럭이는 가게

양품점이 들면 양품전이 나가고
바게트가 들면 바게트가 나가고
치킨이 들면 치킨이 나가고
덴 가슴과 생가슴을 드러낸 인부들이
다시 인테리어를 시작하는 가게

하루 일당어치 만큼 구조는 바뀌어 있고
못질하는 문과 문의 거리에서
끊임없이 부화하는 구더기 파리로 날아오르는 가게

>

어쩌면 내부수리보다 외부수리가 시급한 가게
개업하고 폐업하고, 폐업하고 개업하는 사이
박혔다 빠져나간 수많은 못들이
굳은살 손안에서 파리로 자라
길 가는 사람들
대로를 가로막고 호객행위 할 날은 언제일까

한 번 박히면 못의 몸통 다 삭을 때까지
심사 틀려도 내부수리는 이제 그만
오래도록 메뉴가 바뀌지 않는 그런 가게를
보고 싶다, 차리고 싶다

먹을 똥 말 똥

밑으로 먹고 위로 싼 똥이 보리수나무 우듬지에 질펀하다

구멍 없는 나무가 무슨 똥을 싸느냐고?
세상에 먹고도 안 싸는 놈 있다더냐
나무라고 먹은 게 있는 데 왜 똥을 안 싸겠느냐
찍 소리 없는 순둥이도 일 년에 가을 한 번은
황금 똥 내지른다

가끔 팥죽처럼 끈적끈적 붉은 똥을 지르기도 한다
나무는 낮은 것을 먹고 높은 곳에 똥을 싼다
나무는 관세음보살, 나무관세음보살이다

똥 쭉데기 먹는 초식들도 말이 없고 저절로 온순하다

긴 눈썹 투명하고 큰 눈망울 굴래굴래
아나, 네 동생 똥이나 빨아먹어라
하신 어머니 말씀대로

일찍부터 나 똥맛 들이지 않았다면 내 몸엔 몹쓸 냄새 등천했을 것

초식들은 대체로 으르렁거리지 않는다
만일 찢어진 작은 눈에 번들번들 불똥이 오간다면
틀림없이 흔한 똥 대신 고깃덩어리에 맛을 들인 걸게다

그 입으로 고기 먹고 싼 똥은 구린내가 지독하다
먹을 똥 말 똥 제발 재지 마라
불똥 튄 고기 먹다 피똥 싸는 거 누가 모르나
이제 나는 척 보면 황금인지 똥인지 알 것 같다

꽃 들고 가느냐 마느냐 자본주의와 전쟁할 때도
똥 무더기 들었다 하면 속웃음 흐뭇하다

갑甲나무 체인

그래, 같이 죽고 같이 사는 거야
육갑 짚는 소리에
팔랑귀, 끈질기게 지키던 자유의 몸 버리고
늦깎이 될까 갑나무 체인 질끈 잡았다

홀딱 벗은 치킨, 파리모기 바게트, 711 편의점, 올레
갈레 이동통신, 이마저 마트, 우리 안의 천사
눈동자 힘 풀리면 풀칠도 힘든 거야

두루두루 온 누리가 홀딱 벗고 살아도
한편 먹으면 바게트쯤은 물리도록 먹게 될 거야
우리는 신형 보잉 711 타고 파리 관광 편하게 한번
하는 거지
이봐, 이마저 마뜩잖다고 외면하다간 아마 평생 외
골수로 살아야 할 걸

올래? 갈래? 속닥속닥
펑펑 약 팔아 재끼며

이동을 재촉하는 꿀꿀한 우리 안의 천사

오지게 엮인 소매 끝동은 꼬질꼬질해 가는데
나 죽어도 너 살린다는 본부중대는
어찌된 영문인지 저만 목하 성업 중이다

내 외발 자전거 체인에 녹물이 촉촉 밴다

접시돌리기

조명이 밝아지면서 등장한 그가
기다란 막대 위 접시를 툭 친다

부들푸들 강아지 세 마리, 까맣게 잊은 까마귀 둥지 하나, 털갈이 중인 고양이 두 쌍, 버리기엔 아깝고 먹기엔 찜찜한 묵은 시래기 한 줄, 타다 꺼진 연탄들이 빙글빙글

사물들이 어깨나 이마로 올라가서
물구나무 서는 관객의 손끝도 따라서 저리다

먼저 돌린 접시가 까부라질라치면
늦을세라 막대의 아랫도리 팽팽 간지럽고
그나 나나 접시를 돌리지 않은 날은
하루도 없었다

한번 돌리기 시작한 접시는
공연이 끝날 때까지 멈출 수 없다는 걸 알았지만

돌려야 할 접시는 어김없는 낮과 밤

삐딱해진 무대를 제자리에 돌려놓기 위해
일곱이나 여덟 접시를
어느 날은 한꺼번에 돌린 날도 있었다

우리는 이제 명왕성 너머의 아내가 씻어 둔
큰 쟁반을 돌리기도 한다

마음은 지치고 몸은 절로 바쁘니
무대 위에 남겨둔다
저절로 돌아가는 접시를

조명탄

식탁에 음식 내려놓는 젊은 여자 앞가슴에서
촉수 높은 전구 알 두 개가 번쩍거렸다

저건 선전포고도 없이 은밀하게 터지는 우윳빛 공습이야
엉큼했던 내 눈이 순간 멍멍해졌다

적의 침공에 얼굴 잠시 돌리는 건 이성적 예의
불 꺼지면
얼른 슬쩍 다시 보려 했으나
오목한 꽃 보자기 자글자글 끓는 식탁에서
더 이상 고개 숙일 일 없던 여자의 허리는
꼿꼿하게 세워졌다

엘이디로 바뀐 지가 언제인데
아직까지 전기요금 많이 나오는 알전구가 뭐람
혼잣말로 중얼거렸는데
별 걱정 다 하시네

난데없이 건너오는 말대꾸

공으로 먹겠다는 거야, 날로 먹겠다는 거야
탁탁 건드리는 수저 끝으로
여자는 속엣말 눌러 앉히고 있었다

더 이상 구길 체면이 없는 저녁일수록
팡팡 터지는 조명탄에 눈앞이 훤해지고

고양이가 사는 법

1.

비닐 팩, 입구 봉한 잔반을 뒤지다 멈칫한다
머물까 도망칠까 살피다가
새벽 인기척에
세워둔 자동차 바퀴 밑에 숨는다

관심일랑 꺼주었으면 해
한 달만 이렇게 살아 봐, 질려서 죽을 걸

온종일 투명의 한 부분이 되어
지나가는 하체의 뭉툭한 그림자들
안 보는 듯 불을 켜고 노려보게 되겠지

혹자는 외투로 털 감춘다고 하지만
맨살로 짐승들은 하루를 시작해야 한다

유행을 놓치지 않기 위해서는
외출도 필요하다

어느덧 날이 샌다

>

2.

들킨 민낯 창피해지기 전에
한물간 주문이라도 걸어야 한다

복닥거리며 살아가기란, 얼마나 힘드세요
임기응변의 바다를 헤엄쳐가는 건 어때요

쟁반에 담겼던 낡은 달의 잔상 좇아가는
꼬락서니가 추하진 않은가요
낯에야 발가벗은 몸 웃음으로 포장하지요

세워 둔 자동차는 아침이 되어도 움직이지 않는다
튀어나올 생각이 없나보다, 고양이는

인기 많은 척하는 모델의 워킹이
파이를 잡숴보세요, 자르고 잘라내도
도무지 줄지 않는 파이예요

나는 네가 몹시 부럽다

구관조가 있는 해우소

한 사내, 달을 구부려 새벽에 활을 만들었다. 안개 과녁을 가차 없이 쏘기 위해 새벽 햇살을 장전한다

벽에 기대 나팔을 불던 사람들은 더 외로운 곳을 찾아 갔다. 세로줄 그으며 앙상한 품격을 주장하는 사람들은 서릿발에 찔린 나방이 되고 있었다

그곳 그 시각 결사대는 말의 굽은 등에 오르고 있었다. 어디까지가 안개의 반경인지는 알 수 없었다. 음모는 우후죽순 솟았다. 쏟아져 내릴 눈 화살에 저항하려 했지만 밀정이 도착하기까지 분변과 분통의 냄새를 분간할 줄 몰랐다. 그렇게 갈팡질팡하다 포로가 된 그들은 절간 해우소에 위리안치되었다

용무 급한 사람들을 조롱하기에는 해우소 앞 구관조 조롱이 적당했다. 그곳에는 도깨비불이 인광처럼 묻어있는 몽당빗자루가 잘못 태어난 세상을 한탄하며 거미줄 눌러쓰고 한쪽 구석에 놓여 있었다. 침묵의 자

세였다

앉은 자의 말을 구관조가 귀담아 들어주고 있었다. 뒷짐을 지고 다가온 우울이 적당히 다리를 벌리고 힘주어 엉덩이를 쓸어내리는 곳

질투

훌청 벗겨진 채
뽀얀 베개 하나
새벽 산책길에 버려져 있다

핏줄 푸른 팔을 베고
귓불 송사 뜨겁고 싶은 밤에
속치마 걸친 여자의 흰 가랑이 사이
드나드는 바람이
얼마나 헐거웠으면

드러눕던 한 남자의 체온이
꽁꽁 언 전봇대 아래
눈자리를 녹이고 있다

얼룩꽃

감쪽같이 덧대던 십자수 속
그 꽃, 예전에 혼자된 어머니다

불똥이 남긴 앞치마 얼룩구멍에서
불쌍한 상처들을 벌떡 피웠다

당신도 나도 이름 붙여주지 못한
그 꽃, 그냥은 지울 수 없다

삶은 계란 두 개 달그락거리다가 아침에 만난
그 꽃, 아내 없는 식탁을 두리번거린다

빡빡 문질러도 지워지지 않을
주르르 흘리는 붉은 김치 국물

창가 제라늄도
썰기 위한 의식 앞에서 붉다

2
집짓기 혹은 동상이몽

DNA

성난 뿔은
어떻게 뽑느냐고

가라데 고수 최영의가 그랬다

뿔 잡고
손 모로 세워
빠져라, 빠져라
마구마구 치는 거야

뽑힐 때까지

뽑히는 풀들도 그랬다

막막 비름박 아래
덮어놓고 피다가
덜 피고 갈 거라도
후회는 없다

>

추위에 지면서도
또 필 거니까
새봄에 또 필 거니까

풀들도 고수
맞다

전어구이

집 나간 바다가 전어를 보내 왔다

괘씸하기도 하고
반갑기도 해서
전어랑 그녀를 함께 구워 먹었다

어젯밤

소주잔 속에 파도를 털어 넣으며
거룻배는 들락날락
감지된 은빛 어군을 쫓는다

잔가시 달가닥 씹힐 때마다
뱃전을 긁는
그물질 소리

구구 속셈

무료하게
몇 날 며칠
보냈다

다가올 앞날을 투정하다
꽉 잠긴 글의 형상을 끄집어내는데
심심을 즐기려
자판을 두들겨 깨우는
손자 녀석 슬금슬금 다가온다

밑도 끝도 없는
꽉 잠긴 실마리
ㅋㅋㅇㄴ5가ㄱㅅ바ㅋㅋ라ㅎㄴ…
이게 뭐야
그게 그거란 말이지

심심을 건드리면
이렇게
무료가 된다는 것이지

구멍론論

땅의 구멍을 뚫고 나와
죽순이 허리를 쭉 펴는 만큼
대숲의 허공은 비좁아졌다

구멍은 들어가는 것이라고 나 한동안 믿었는데
세상 사기꾼도 나오지 못해 숨 막혀 캑캑대는 걸 보니
들어가면 나오고 싶은 것이 구멍인 것이다

파라오에게 피라미드는 어둠을 가둔 구멍
공소시효 열흘 남겨놓고 붙잡힌 수배자도
은팔찌 차면서 시원하다 하지 않던가

구멍은 노래한다
삼키기 위한 것이 아니라 토하기 위한 것이라고
위아래든 양쪽이든 통로여야 한다고
함정이 곧 함정이라고

하기야 못된 칼 갖고 장난치다

구멍을 막고 들어앉아 제풀에 다치는
돌발적 짐승도 더러는 있다

그래서 나는 생각한다
이쪽으로 들어갔다가 저쪽으로 빠져나오는
금빛 여우의 날렵한 털이
동물의 왕국을 얼마나 반짝이게 하는지를

달빛 착지

은빛 고양이 훌쩍
미끄러운 지붕 위로 올라간다
살짝 유연함을 점검했으니
이내 내려올 준비를 하겠지

튀는 것들이 마감하는 자리는
대개 아래를 보지 못하는 고소공포의 현장
꼿꼿할 수 있는 시간이 많지 않다는 것을
수염 듬성한 고양이는 알고 있다

높은 곳에서는 꼬리를 치켜세우지 않는다
먹을 것들은 매일 바닥에 뒹굴고 있기에

달빛지붕 틈새에서 쥐를 맞닥뜨려도
날름 잡아먹지 않는다
반가워 얼드리다가, 쥐락펴락 어르다가
효과적인 착지, 그 다음의 동작이
늘 궁금하다

>
어디, 둥근 물결이나 잡아챌 수 있는지
더 잽싸게 튀어봐
평평한 곳에서 달을 따고 싶다고?
슬프거나 그리울 때
보기만 하는 정서를 갖고 싶단 말이지

풀쩍 고양이가 내려온다
입 안 가득 쓴맛만 다시고

마카다미워 알레지

스튜어디스가 봉지째 주는 심심풀이 땅콩 말이여
그거 체질 안 맞으면 알레지가 장난이 아니라던데, 잘못 먹다가는
보잉 동체가 휘휘 돌아간다나 뭐라나

하늘에 몸 맡기는 게 서툴러빠진 나 같은 사람에겐 말이여
이코노믹 벨트 사이에 빡세게 졸인 가슴도
그거 까먹는 새 슬몃슬몃 내려앉는 진정제였는데

근데 그걸 못 꺼내 먹어 흥분한 사람이 있었나 봐

손가락 까딱 못 할 정도로 알레지가 심했나보지
봉지 째주지 않는다고 고양이 쥐 후리듯 컹컹댔다며?
입정 좋은 소식통마다 설왕설래 대서특필이여
이게 다 일등석 마카다미워 알레지여

좌우당간 윗자리는 눈에 보이는 게 없는 안질이란

게 있긴 있나 보네
죄도 벌도 피해가는 무소불위에겐 심심풀이도 흥분제가 된다 이 말이여

참말로 복장 칠 일이제
땅콩 알레지가 대양을 날아다니는 미끈미끈 하늘고래를
워워, 돌려세우더니 사람도 여럿 잡았네
땅콩이 킹콩보다 힘센 줄 오늘 첨 알았지 뭐야

사람보다 땅콩이 알레지가 더 심했던 가비여, 사람 알레지 말이여
거봐, 땅심이 제일이지
하늘 무서운 줄 알았어도 땅콩 무서운 줄은 몰랐지 뭐여

여우 사냥

달을 구부려 활을 만들고
달빛은 토막 내어 화살을 만들어
밤새도록 시위를 당겼으나
비명에 닿은 것은
없었다

악력이 약하니
그는 이제 총을 마련하라

금빛여우를 겨냥하기 위해서
불붙는 심지로 한 놈만 겨냥하는
조선식 화승총이 좋을까
이참에 따발총을 장만할까

여전히 해는 뜨고 물이 흐르니
먹먹한 귀 쫑긋 모아 가물거리는 꼬리에게
한 번 더 물어보는데

>

여우가 사는 그 산에 해는 뜨고
여전히 물은 흐르더라

드센 저항에 가까이 있던 것들은
바람이 되어 날아가고

점의 유희

추운 날,
좌변기에 앉아 시집을
읽는다

유수한 이의 글은 보지 않고
종이에 묻은 까만 점 하나 두고
참 개똥같은 생각을 한다, 나를

점, 점점
작아지다 남은 끝의 침몰
커지려는 시작의 배아

증발하거나 증폭되거나
언제나 같은 시간 같은 곳에서
소멸과 생성은
같은 모습이다

부딪친 게 많아 마지못해 응집된 척

포용하거나 포기하거나
둘 중 하나라며
잡을 줄도 보낼 줄도 모르는 제자리걸음에
애꿎은 구령은
장황하다

그쳐야 할 때 더 하는 것은 사족
시간이 얼마나 더 걸렸는지 알 수 없으나
데굴데굴 점 굴려
숙맥 분간할 길을 찾는다

찔끔거린 개똥, 막 뽑은 점괘
물상 바라보는 일
즐거워질까

가두리 양식

꽁꽁 언 수도꼭지 그녀의 날개 사이로 빗방울이 떨어진다. 나비를 따라간 꿈, 이음새에서 주르르 물로 샌다

쑤시는 무릎 데리고 찾아간 신정형외과, 원장의 문진에 나는 신은 남아 있는데 빗물에 젖어 아픈 발이 보이지 않는다고 말한다, 처방전엔 보이지 않는 게 병이라고 기록된다

덮는다, 동쪽 모래사장에서 온종일 짠 그물
물에 젖은 맨살의 나비를 먹는다

오목한 커피 잔을 쓸고 닦는다, 파도는 터무니없음을 지우려고 몰려왔고 승리하려면 어장관리를 잘해야지. 생겨 날 결심을 부추겼다. 발목을 주무르며 마시고 싶던 바다는 그렇게 안목해변 커피숍에 있었다

커피는 아직 뜨거운데 나는 수도꼭지에 매달려 드라이버를 가지고 오라고 아기 안은 그녀를 닦달한다. 증

발하기 직전의 눈을 가진 그녀는 바다에 젖을 물리기에 바쁘다고 핑계를 댔다

실꾸리로 잰 열 번째 파도가
그물코로 단단히 나비를 홀치고 있었다

헛기침 소리가 가두리 벽을 먼저 탕탕 치고서야 앉았던 나비가 담벼락에서 처마 밑으로 사뿐사뿐 날아왔다.

막힌 수도꼭지에서 뚝뚝 그리곤 좌르르
물이 새어 나오기 시작했다

소소한 끝닿기

어두운 극장 안 튕긴 옆자리에서
벌겋게 녹슨 전선이
팔꿈치 경계선 넘어 기어 나왔어

이리저리 채이고 난 월요일 조조할인
엉성하게 시간 죽이고 있는 찰나에
텅텅 빈자리 두고 하필이면 손가락은 옆자리를 탐할 게 뭐야

심심한 불씨와 답답한 어둠이 잡은 분위기. 그러니까 전혀 일면식 없는 외줄의 끝과 끝이 동막골 낡은 강냉이 창고 팍 터진 팝콘처럼 전선의 끝에서 불꽃을 튀긴 거야. 밑바닥 뭉클한 게 설레발을 쳐댔지. 성질머리 진즉 휘어졌다면 돌이든 자갈이든 대놓고 만났을 걸. 오늘에야 묵혀둔 하늘에서 막무가내 쏟아지는 흰 별

눈으로 건드려 본 건 피차 셀 수 없었어. 저절로 뭐

래나, 겁의 인연이 통째로 넘어졌다나? 보나 마나 울화의 늙은 둥치 새카맣게 찍어댄 거지. 안 그런 척 한 번만 더, 쓸쓸 맞은 그늘에 숨어 안 그런 척 말이야. 썸타는 덴 별다른 이유가 없어. 번쩍 찰나가 하 세월에 부딪혀 잠시 정신줄 놓은 것이지

이봐, 컵 찰라 발 조심해
은근히 덜 익은 애호박 툭 떨어졌다잖아
익지도 약지도 못한, 아무렴 어떠냐
우리 소소하게라도 끝은 닿았으니

잡아당겨야지
펑퍼져 버린 연줄이라도

불합리한 인상

해 바뀐 첫 출근 날
든든밥상 집에 갔다

만만한 점심으로 순두부를 주문하고
뜨물숭늉을 마시는데
가격표에 덧붙인 6자가 눈을 밀고 들어온다

된장찌개 6000원
순두부찌개 6000원
김치찌개 8000원
갈치찌개 9000원
공기밥 1000원

싼 거나 비싼 거나 일괄 천원 인상
버티다 기다리다 올린 가격이겠지
숨 쉴 공기는 아직 흔한가
공기밥 빼고는 인상이다

>
아랫것들, 어디서든 대접받지 못했다는 걸
알아차렸나보다
밥집 아주머니도

케냐에 들다

해 질 녘 커피 집 창가의 노트북들은
야릇한 속을 감춘 채 겉보기엔 게임을 하거나 리포트를 쓰지만
사실은 신상 털기 중이죠

우리 목적은 달라요, 위장하지 않죠
강한 호기심 우린 각각 돌뿌리를 캐내기 위해 마주 앉게 된 것
쓴맛의 액즙은 그저 매개물인 거죠

숨을 곳이 필요할 땐 침묵이 상책
근데 팔팔 끓기 시작하는 물
이때다 싶은지 볶아 둔 원두를 갈기 시작했어요

뽀도독 뽀도독 혀뿌리 실룩거리려는 걸 보니
내 정강이를 걷어차는 분쇄기 당신
안 돼요, 비밀의 강도가 셀수록 고와야 하는 입자
부드러운 미각을 가진 혀를 위해 뜸부터 들여야죠

>

빙글빙글 나선형 빰부터 만질 건가요
필터가 터지지 않을 만큼
살짝살짝 적셔드는 물의 감각이 놀라워요
알고 싶은 게 있으면 돌리지 말고 얼른 질문할 것
그래야 나도 방어를 하든, 아예 항복을 할지도 모르죠

당신 정곡의 호미질에 부풀부풀 거품은 웬일
이리저리 박힌 돌, 치고 빠지기 꽤 여러 번 만에
육즙 뚝뚝 리포트가 한 방울씩 인쇄되기 시작하죠

찌꺼기 올 하나 걸리기만 해봐
원하는 양이 나올 때까지 발기발기 찢어 드릴게

불편한 심기는 언제나 시작이고 항상 끝
그렇지만 천천히 서두르지 않는다면
케냐의 진한 향을 음미할 수 있을 거예요

발칙한 사유

한동안 내 고민은
닫힌 문을 어떻게 여느냐는 것

속살은 뜨거워야 보여줄 테니
19공탄 탄불 위에다 얹어야죠

잠긴 개펄을 끓이자 술술 흘러나오는 화술
나름 산전수전, 굳은 표정일수록 속 부끄럽기는 더 한 법
하나둘 새긴 문신의 이력이 연탄불보다 뜨겁죠

벌써 익을 대로 익었어요, 드시면 되는 걸요
또 때를 놓치는 건 아니겠죠

핏물 흥건한 조개는 아무나 먹는 게 아니죠
대개 조개는 그렇게 구워 먹는 거예요

한곳에 손 머물지 말고 이리저리
골고루 뒤척여줘요

집짓기 혹은 동상이몽

뱀 한 마리 꼬물꼬물 허물을 벗더니, 방안의 어둠을 칭칭 감는다. 잠근 기억도 없는 육중한 철 대문을 열듯 끽 몸을 푼다. 최후의 보루라며 숨겨놓은 비장의 알들을 훔쳐 낸 나를 빤히 바라본다. 강의 상류에서 떠내려오는 알들. 둥둥 제쳐놓은 알들이 다가와 치근대기 시작한다. 외면하고 싶은데 자성磁性의 몸에 붙어버린 꿈의 물건들, 손을 대고 만다. 악을 쓰며 대들어도 끄떡 않던 땅에 기둥이 서고 지붕이 얹힌다. 건져 올린 벽돌로 차곡차곡 담을 쌓는다. 그런데 뭔가, 이 가짜는? 굵은 알 맺은 대추나무는 어쩌려고 몇 바퀴를 구르며 집을 짓고 있는가. 번쩍 들리는 쇠종소리가 이명耳鳴으로 흩어진다. 벗어버린 허물이 스르르 움츠린다

저녁밥이 시원찮았나 보다.
잠 안 오는 밤 보낸 거푸집 같은 베갯머리에
부서진 어제의 비늘이 수북하다

횟감

모자가 바람에 날려
제멋대로 차도로 구르는 날
충무 중앙시장 횟집 도마 위 생선과
나, 눈 맞춘 적 있다

이미 여러 겹 파도에 베인 발바닥 뭔 생각도 쳐다보지도 말고 무념무상 작두에나 오를까. 제 죽을 줄 모르고 달력 속에 잡혀있던 붉고 검은 숫자들도 칼부림에 겁먹고 달아날 거야. 색다른 길 열릴 란가 쭈뼛쭈뼛 무병을 앓을 셈인가 건듯 춤사위에 머리가 쪼개진다. 목 달아난 귀신은 복잡한 게 싫어

그러고 보니 늘 따라다니며 일렁거리던 물의 그림자까지 쫓겨난 이후 도통 보이지 않는다

근데 뿜을 피도 모자라는 모가지가
왜 이리 말이 점점 많아지는가

결국 던져질 매운 도가니 숨통인데
이래저래 몸통만 남은 생각
잘게, 잘게 저며지고

화해

닭들, 줄줄이 어디론가 실려 갔다

가로막던 눈앞의 낡은 계사는
포클레인 바가지에 증발되고 말았다

통통 녹슨 스프링처럼 튀어 오르던 봄이
실쭉샐쭉 움트는 풀밭으로
닭들을 데려갔을 것이라고 믿고 싶어졌다

날이 밝았어도 울음 제대로 울지 못하던
계사 속의 닭들은
후후 후훗 웃으며 돋는 풀들 쪼아 먹고
지렁이, 구더기, 땅강아지도 쪼아 먹고
송곳 멍석 같은 빛살 속으로 걸어간다

번번이 막아서던 협상 테이블이
돈의 힘에 눌린 것인지도 모른다

그렇게 닭들의 집이 무너지고 난 뒤
오랫동안 냉골로 묵혀질 것 같았다

응달의 마당에 해 드는 시간이 길어졌다

자기소개

생태학 강의실,
슬며시 앉으려고 당기는 의자가
삑, 나보다 먼저 자기소개를 한다

여남은 수강자 중 때마침 끝 차례
왜 사냐고 물을 줄 알았던 질문이
어찌 사나로 바뀌어 있었다

주춤주춤 살아온 뒤를 걱정하며
나는 이어폰 속 반야경 듣다가
내려야 할 정거장을 훌쩍 지나치고만 느낌으로
어찌 살까 고민이 깊어졌다

박하사탕 영화의 주인공처럼
어느 철교 땡볕 아래서
나, 돌아갈래 문득 외치고 싶을 때
강변 밟고 선, 돌들은 뜨거워져 줄까

>

돌아가는 버스는 다행히 환승이라
삑, 추가 요금은 강요하지 않았어도
지금은 자꾸 졸리는 시간

앞서 자신을 소개한 사람들이
깨달은 자의 얼굴처럼 보이기 시작한다

내게 다녀갈 시간들에게도
삑사리를 점검할 기회가 되면 좋겠다고
무안한 표정이던 의자가
나를 받아 안아주고 있었다

외투

벽장 속에 넣어두었다가
까마득히 잊힌 물건들
가끔 치매 속에
멀쩡하게 살아나오기도 한다

스멀스멀 어쩌다 깨어날
귀뚜라미 노래기 빈대 벼룩 바퀴들

또렷한 버러지들, 산목숨의 얼굴들
어쩌나
두르고 다닌 목도리는 어쩌나

언젠가 나 현실이 마취인 듯 깨어날 때
누군가 볼 섬망에 맺힌 조각들

떠돌이 개도 안 물어 갈
겹겹의 옷 속에 잠재워 둔
어쩌나, 본능의 몸살기는

3

블록 딜block deal

희비의 자리

여성병원 뒷골목 감나무 그늘 밑
배냇짓도 못 해 보고
어린 손발들 바람에 찢겼다

신음소리 섞어
몰랐던 아픔이 수정된 거지

엮던 꽃술의 밤이
식어버렸다고 해도

떨어질 새끼는 떨어지고
남아서 감이 되는 감새끼들

감나무 그늘 밑, 이제 팽팽한 건
배꼽자리 뿐이다

그 나물에 그 밥

식구들 모여 청소를 한다. 마침 휴가 중인 큰놈이 거들다 말고 옆에 턱 눕는다. 저는요, 아버질 꼭 닮고 싶어요. 서른도 훨 넘은 놈이 날 닮겠다니 영 잘못 살진 않았구나. 은근 엔도르핀 돌아도 당연한 듯 쳐다보았더니 전요, 손끝 까딱 안하는 아빠처럼 살고 싶어요

웃다 떨어진 제라늄 꽃에
베란다는 빨개졌고
바람 없이도
읽던 책의 낱장이
뒤 페이지를 넘기고 있다

문 열기

문은 수시로 열리지 않을 수 있다고
불안을 중얼거린다

아침에 양치하던 칫솔이 댕강 부러지더니
외출에서 돌아온 그날 밤
현관문이 갑자기 고장이 났다

그림자 얼핏 비치는 어눌한 실내는
부러진 목덜미에 흰색 피 엉겨 붙었다
이럴 땐 먼저 드릉드릉 코 고는 척 저항하는
숨소리부터 잡아야 한다

나를 밀어내는 자폐는 늘 그랬듯 태연한 웅크림이다

저 안쪽 방안엔
아이가 자고 있을 텐데

힘껏 잠갔는지 저절로 잠겼는지

한번 닫아 건 문고리는 감감답답이다
오래전 출제된 문제를 두고 또 다시 고민하고 탐색해도
어둔한 두뇌로는 무엇도 할 수 없다는 것을 아는 문은
어떤 노림수가 처방되는가를 지켜보고 있다

이것 봐,
두근거리던 심장의 고장은 꼭 한밤중에 나잖아

문이 하나인 구조는 이제 자폐처럼 위험하다
(그러므로 열쇠를 안에다 보관할 필요는 없다는 것)

기억을 관장하는 배후에 누구라도 드나들 수 있는
만능열쇠를 걸어두어야 한다

전동드릴을 들고 오라고
열쇠공에게 늦었지만 전화를 건다

봄맞이

와이셔츠 갈아입다가 손에 잡혔다
주머니에서 뭉그러진 종잇조각

뭔가 싶어 살살 펴보니
꼬깃꼬깃한 작년 날짜 속
신용카드 영수증이었다

부가세 1,818원
합계 20,000원
사업자, 칭찬합시다 주식회사
구입한 품목은 지워졌고
결제금액 18,182원이 남았다

지난 한 해
내가 뭘 그리 잘못했기에
일 년 만에 찾아와서
하필이면 18, 18,
아침부터 18, 18

그러고는 2만 칭찬합시다?

물가가 올라도, 부가세가 붙어도
난 아무 말도 안 했는데
돈 주고 욕먹고, 욕하고 칭찬하고
사는 게 다 그런 거였다

쳐진 넥타이 올리는데
도리질하던 자목련
깜빡 떨어지는 것처럼

만화경萬華鏡

오래 신은 신발굽으로
봄비에 떨어진 꽃잎 밟다가
미끄러질까 봐
백화점에 새 구두 사러 갔다

신던 신발 살피는데 발 뺀 자리는 웅덩이다

양손 땅에 짚고 들여다보니
걸을 때마다 차곡차곡 쌓인
시간의 고린내가 깔창에 눌렸다

밀리고 쓸리는 색색 지느러미들이
토해놓은 모퉁이에서 골목은 이어지고
살점에 달라붙은 저 연민은
모양이 바뀌어도 움푹했다

빗물 배인 뒤꿈치가 축축하지만
고인 시간이 흘러나가지 않게

웅덩이에 낡은 발을 조심조심 담그고
새로 고른 기능성 모델 구두는
덜렁덜렁 종이봉투에 담아들고 왔다

흔적 버리려 샛강 갔다가
피어오르는
아지랑이를 데리고 왔다

물신시대

만족의 길이가 궁금해서 검색창을 뒤지는데

그녀를 만족시키는 데는 그리 긴 게 필요하지 않다 한다. 한 손에 폭 드는 8.6cm면 그녀를 만족시킬 수 있다 한다. 그녀를 만족시켜 주는 시간이 오래 걸리는 것도 아니라 한다. 짧다고 망설이고 계시나요? 눈치 그만 보고 어서 시작하세요. 갈라진 틈에 조심스레 넣고 8.6cm 슬쩍 다녀만 가도 된다 한다

그래서 나도 넣었다 빼었지요
그녀를 위해서면
비자, 마스터, 아메리칸 익스프레스
다 받아준다 해서

폭은 그대로인데
8.6cm
한도초과라 하네요

블록 딜block deal

질척거리는 흙바닥이 못마땅해 블록을 깔았는데 멀쩡한 느티나무의 가지가 비쩍 말라갔다. 이놈의 자식, 뭘 잘못 먹고 체했나, 몹쓸 루머에 걸렸나 푸짐한 봄비에도 내지 않는 잎, 무슨 비리라도 봄비에 섞여든 것일까

옥신각신 입방정에 몸통이 날아가기 전
곁가지 몇 개 자구책으로 내놓는다

냉가슴의 전모를 알 길이 없어 특별기관에 수사를 의뢰했더니, 작금의 이 사태는 뿌리에 가야 할 빗물을 지상으로 빼돌린 탓, 그러니까 배달사고였다는 결론이 났다. 노련한 수사관의 지시대로 블록 아래 호스를 깔고 수도꼭지 틀자 새파란 소름이 온몸에 쫙 돋는다

강우량에 맞추어 기막히게 조절하는
일사불란의 정치가 느티나무에게도 필요하다

초복 우화

주름살 걷어낼 일이 고민이던
싱거운 아제에게
초복날 인사차
큰 수박 사 든 신혼부부가 왔다

수박은 씨 파고 먹어야 해
붉은 속살 탐스럽게
얼기설기 툭 던진 말
어쩌나, 까만 씨앗 되어
새아기 붉은 볼에 맞았다

옷소매 찝쩍거리던 신랑과
수박은 안 먹고 어딜 다녀온 신부
부끄러움에 얼굴이 말갛다

어딜 갔다 왔냐고 묻자
씨 파고 먹어라 하셔서 씨 파고 왔다 한다

>

초복 날 씨 파낸 자리에
밭고랑 수박넝쿨 걷어내고
속 들어찬 김장 배추
배 불룩할 날 멀지 않았다

오동꽃 고지서

대문 틈 배달된 조간신문을
떨어진 오동꽃이 읽는다

납작한 주검 얼굴에 달라붙은 먼지를
꽃의 촉수로 말갛게 닦자
추락이 과속이었음을 알리는
범칙금 고지서가 슬쩍 얼굴을 내민다

주먹만 할까, 야옹야옹
한참을 떠나지 못하고 떨어진 꽃잎의 이면을
그때 쪽담 위에 쪼그려 앉은 짐승
때 묻지 않은 눈길은 갸우뚱거린다

앳된 고양이 내려다보다 보랏빛에 눈이 시려
하느님의 측은이 어디까지인지
덩치 큰 쥐라도 만난 듯
겁먹은 얼굴이다

>
(어쩔거나, 너도 가고 나도 지나가는 길인 걸)

내년에도 어김없이 돌아와
뚝뚝 떨어질 저 오동꽃
빈익빈 활자 위가 아니었으면 좋겠다는 건
오전을 주춤주춤 건너온 햇살의 생각

흐느끼다 눈가가 파래진 오동꽃
납작한 주검을
체중 실은 앞발로 누르고 있다

휴먼 밴대지human bandage

꽃도 꿀도 없는데 성당 안으로
무거운 몸 이끌고 호박벌 들어왔다

열린 창이 실마리일 텐데
자신이 갇혔다는 생각 때문에
밝은 곳이면 한 번씩 부딪히는 머리통
출구를 보지 못한다

머리가 띵해도 허공만큼은 거룩해서
저 아둔함에게 성스러운 곳은
결국 창밖이란 이데아였던 것

참한 꽃이 들녘에 핀다는 소문이 돌자
미처 가시관의 성소인지 모르고 날아든 호박벌
잠시 눈앞이 아찔하다

이왕에 날아들었으니
날개 힘 떨어지기 전에
눈 안에 담아 두는 빈 고해소

부활의 전언傳言

귀 익은 홀씨가 허술한 담을 넘어옵니다

'갈릴래아로 가라'

살던 자리 민들레에게
일상의 삶을 다시 시작하란 말씀이지요

고작 피정 사십일에
영성에 답이 있더냐고 물어오면
뭐라고 대답할까요?
여기저기 흩어져 불던 바람의 조각들을 모아보니
사랑이 제일 큰 영성이라 알게 되네요

"그대 내 곁에 선 순간 그 눈빛이 너무 좋아…"
길 안에서도, 길 밖에서도
내 노래의 대상은 그분입니다

갈릴래아 호수 위에 떠돌던 소문이

기척 없이 뒷걸음질 치는 어둠의 느린 언저리에서
토박이 내 귓바퀴를 두드립니다

참회 예절

참외의 등을 칼등으로 툭 친다

후식 전에 드리는 얄팍한 예절은
너를 내 몸에 넣겠다는 예비신호다

네 탓, 네 탓
가슴 치며 한 줄씩 깎아 내린
골과 골 벌린 성장의 노란 두둑
유려한 곡선의 외투를 벗긴다

생각과 말과 행위로 많은 죄를 지었다고
또한 자주 의무에 소홀하였다고
고백의 속살을 참말같이 베어낸다

금싸라기 뽀얀 복장 잘게 씹어대자
사주 탓, 팔자 탓, 하늘 푸른 탓
꼭 참말같이 씹히는 능청스런 아삭거림

>

군내까지 떠밀려 넘어가는 목구멍
입안 내내 시끄럽다가
구불구불한 내장 미처 빠져나가지 못한 씨는
언제쯤 내 몸의 업장을 더듬어
참회꽃 노랗게 피울까

미궁

풀밭의 의문은 거기서 시작되었다

까치, 여름 풀 더미에 머리 처박다가
몸 굳어 있는 매실나무 그늘
펼친 날개, 아직 오기 물씬 풍기는데
내면의 비행을 하고 있는지

공기의 저항을 줄이기 위해서
안으로 더 들어서야 하나, 날개를 접어야 하나
다시 몸 데우기 위해서는
회항을 해야 하나, 연료통을 비워야 하나

죽는다, 산다 분간 안 되는
자유로이 엉긴 풀의 그물을 벗어날
그럴싸한 방법 찾느라
저 내면을 비행 중인 까치는 한동안 골몰했겠다

자세를 더 낮추어야 하나

이대로 그늘로 남아야 하나
몸안 바글거리는 구더기 꺼내
공중에 출현시키는 얼마의 초파리 떼

무겁던 머리 찧은 땅의 그늘
양볼 우묵한 매실나무
꽃피울 봄 기다리고 있다

만개 이후

입술 푸른 아이를 며칠째 눕혀 놓고
침 마르는 하루하루를 보냈다

이래 살아도 되는 것인지
화가 치미는 내 앞에서 제철 매화는
먼 핏줄까지 마저 터뜨렸다

근심과 불안 속에서
만나면 으레껏 웃어야 했던 사람들 얼굴이
물안개 속 매화로 피어올랐다

한꺼번에 가라앉을 거라는 안개가 떠나며 남긴 말에
벌들 날개조차 내려놓게 하고 싶었다

구차한 변명이
앓던 아이가 떠난 자리에서
초록 열매로 굵어갔다

줄 세우기

목숨 질긴 것들은 뿌리 뻗칠 틈을 용하게 안다

부딪힌 바람이 부스러기로 떨어진 자리, 짬짜미라도 들락거리는 비와 빛, 좀처럼 기회를 놓치지 않는다

선착순으로 달려온다. 이제 그 자리 몸 맡길 만하다 싶으면 에이스급 침대 없어도 훌러덩 제 껍질을 벗기 시작한다

민들레, 질경이, 괭이풀, 강아지풀, 원더풀, 뷰티풀 할 것 없이 맞추는 오와 열. 블록 틈이나 담장 아래서는 일렬종대다

다부지게 줄을 선다
누가 요구하지 않아도, 냄새가 나도
눈치가 있는 것들은 제각기 상황에 따른다

제 꼴을 갖추면 그때부터 풀은
도도해진다. 모자란 듯,

4
Amazing한 사건

풀

가뭄에도 잡초들은
시퍼렇게 눈 뜬다
기르는 것들은 말라 죽어도

돌림병 돌 듯
불볕은 드센 낫질

밑둥 뭉텅 날리는 핍박에도
자고 나면 메두사 머리 붙듯
일어선다, 벌떡

관리 받던 것들은
무관심 속에서
제풀에 죽는다

그럴수록 제철이다
풀, 단련된 뿌리들은

꽤 오래된 레코드

이거 우예 하노?
스마트폰 시작 패턴을 설정하려고 아들에게 물었더니
아빠가 함 해보세요

요 녀석, 귀찮은 듯 알쏭달쏭 힌트만 준다

몰라 묻는데 무슨 대답이 그래
직접 해보셔야 담부턴 할 줄 아세요

이것 봐라, 저 들으라고 불렀던 노래를
가사 하나 틀리지 않고
그대로 따라 하고 있네

아들이 얻은 것을
어느새
나는 잃어버렸다

바람개비

벌린 잎, 그만큼
질만 하면
다시 피는 바람꽃

놓치지 않으려는가
또 언제 올지 모르는
번식의 기회

남녘 아픈 바다의 푸념을
광화문 광장까지 옮겨와
촛불 든 손 촘촘 사슬을 엮는다

정작 아리다는 건
보내고 난 다음인데
벌써 보냈어야 할 낡은 것들로
바다가 보이는 언덕에서
철 지난 리본을 아직도 접고 있다

>
벌린 입 안쪽에서
바람을 마주하고서야
바람을 보내고서야
바르르 떠는 목젖

불통 시대

삼십 년 키우다 든 정
관음죽 마른 잎 쳐내는데
희고 뭉클한 게 올라왔다

그 잘난 깜박 정신머리 때문에
오그라진 당신 손가락
"나 목말라 죽어가는 줄도 몰랐지"

항변은 흰 이빨로 칼날을 무는 것

말수 줄인 건 관심부족이었어
피곤에 지쳤다던 잠버릇은
생기 팔팔 돌 때 먼 산 보듯 했었지

맞아, 들판을 쫓아다니다 덮어쓴 위장술이었어

늦었지만 하고, 서투른 애착을 보였지만
배배 틀어지는 남은 몇 장 잎 사이로

신신당부를 잃어버린 나를 두고
"끝내 아무 말도 안 할 줄 알았나 봐"

톡 쏘는 말에 코끝 시큰해졌다

그래도 혹시 아나,
나름 속 파낸 빈 바가지
욕 퍼붓고 물 퍼붓는 동안
꿰뚫지 못했던 시선 촉촉이
돋아날는지

접시꽃 도요

대궁 곳곳 돋는 잎에서
여름이 물지게에 눌려
가마터 생겨났다

한 잎씩 쌓아 가는 푸른 벽돌
불고래 빠져나갈 굴뚝도 섰다

그런가보다, 버틸 내열에
어느 날엔 이십도, 어느 날엔 삼십도
꾸덕꾸덕 마른 어둠이
차곡차곡 재였다

미열인가 했는데
누적된 붉은 체온 천도쯤 넘어서자
어둠에 성형된 꽃의 입구가
파르르 떨렸다

몸 달구어 구운 접시
진열이 부끄러운 그대
꽃층계 쌓았다

번복

참말로 사흘 만에
죽은 몸통이 싱싱하게 되살아난다면
십 수 년 연하 그녀 앞에서
사흘마다 죽겠다

그녀 슬픔이 마치
영혼으로 산다는 그런 말 말라고
바꿔 입은 포켓에서
헤어지며 마신 커피 영수증으로
불쑥 나타날 수 있다면
기다림의 약속은
삼백예순날 모른 체하겠다

점잖은 척 미뤄두었던
내 사랑의 고백은
없었던 걸로 하겠다

더위팔기

온종일 쪼그려 앉아 있던
무릎 노란 참외를 사 왔는데
골 진 몸에 안쓰러운 횡단보도 들었다
검스레 꼭지 곪은 자리도 있다
좀 심하네, 물려올까 했으나
땡볕 매연 한꺼번에 받아먹은
더위 값이 얼마냐며
아내가 손 내젓는다

숨은 꽃

군자란이 꽃을 피웠습니다

봄이 많이 남았는데
진홍꽃 미련 없이 떨어뜨립니다

열흘을 붉기 위해 일 년을 바친 꽃

우리 사는 일이 그런 거지요

꽃 없는 푸른 잎에서
수만 개의 꽃송이를 봅니다

오늘이 늘 꽃 핀 그날이라며

치사한 아량

덩그렁 휑한 방에 파리 한 마리 난다

저 혼자 사는 게 심심한지
다른 자리 마다하고
내 얼굴 가를 윙윙 돌아가며 울리는 변죽

코끝이 성가시다
잡아버릴까, 손 올리다가 저 작은 걸…
모기처럼 물지도 않는데 저도 살아야지
그냥 두고 자리 옮겨 붙여보는 눈

그런데 뭘 먹을 게 있다고
피곤해진 핑계의 머리끝에 앉았다가, 날았다가
친한 척 한다. 기어코 잠 못 들게 한다

네 죄를 알렸다, 치근대는 오르내림을 참아내지 못하고
손을 후려 체포한다

바닥에 내동댕이친다, 명복을 빈다
다른 세상에서 잘 살아라

졸렬하긴, 어디 다른 세상?
어디고 똑같은 꿈질인데 별 묘수가 있겠나

육도삼략 판 짜서 자판에 두드려 넣는데
눈 바깥에는 여직 오는 비
허공을 뭉치느라 팔이 오래도록 아프다

적막의 자리

양말 벗다가 들어 올린 구멍
한낮 동안 그 안에 살던
사람은 떠나고 없다

엑스트라들이 문지방 군데군데 걸터앉은 걸 보니
이사는 끝났는지 빈 천장을 바라보고 있다
심기가 불편해진 나는
빈둥빈둥 흩어진 몹쓸 부스러기 피해가며
어디론가 걸었다

어둠을 낀 돌덩어리는 겨드랑이에서
표면부터 미끄럽고 단단했다
붉고 높은 담장 위로 감긴 층층계단은
롤러코스트 레일마냥 허공을 얽어매고

달리고 있다, 꿈의 지붕 위에는 여전히 말들이
아무도 없는 마당에 요란하게 열리는 궐기 속으로
추운 몸을 떨며 대열을 찾았지만

터널을 향해 지나간 건 한 떼의 기마대였다

온몸이 파란 내가
먼지 묻은 쪽문 당기는데
쑥 빠지는 문고리

겨울 회유

아궁이에 밀어 넣으려 했던
검은 비닐봉지는 동글동글
불구멍을 나와 외출하는 나를 한사코 따라 나선다

따라오다 지친 걸까, 미루나무로 기어오른다

그만 따라오지 마
나를 따라오는 줄 알았는데
그게 아니었나보다
미루나무로 올라가 펄럭거리는 소리로 걸린다

생목을 태우느라 눈이 매워서, 어깨가 저려서
바람의 유혹에 어쩔 수 없었던 거라고
아궁이 속 들여다보던 비닐봉지는
말끔하게 닦은 눈물을 구름에게 보여준다

나무에게로 가서
아리고 쓰린 상처 말갛게 씻고 오라고

손짓을 보내는 내게
안과 밖 몇 번인가 뒤집어 몸을 탈탈 턴다

더 멀리 훨훨 날아가라고
아프지 말라는 내 수인사 알아들은 비닐봉지는
도리어 겨울나무 어깨를 다독인다

어둠 속 의자들

오가는 사람의 무게가
그림자와 비례한다는 것을
눈짐작으로 계산하는 의자가 있다

한낮이 떠나고
비로소 길을 슬그머니 끌어당겨
어둠을 묵처럼 썰어 팔겠다고 나와 있는 의자들

등을 매만지며 한 사람은
나이테를 그려 넣자고 하는데
다른 한 사람은 몸 안에 사려 넣은 그림자를
씹던 풍선껌처럼 당겨낸다

잘근잘근 불만들 가지런해지고서야
한구석 적막하게 쌓아 둔 의자들
아득해지는 입술을 닮았다

혼자 지그시 눈 감은 의자도 있다

일한 만큼 계산해 주어야 할 지폐 헤아리고 나서
층층이 쌓여진 의자들 바라보며
그 자리에 홀로 남겨진 의자

정돈되었던 정돈되지 못했던
등골이 휘어야 먹고사는 의자들은
모두 슬픈 눈을 가졌다

Amazing한 사건

버려져 거들떠보지 않던 땅에
옮겨 심어진 싱싱한 야자수 아파트
먼저 살아보겠다고 200대 1의 벌 떼가 철썩 달라붙었다

초등학교 뒷담 축대와
십 년째 칩거하던 슬레이트 깨진 지붕이
지게차 통로 함석 대문 낡은 공장이
낮잠에서 깨어보니 철거되어 버렸다

늘 그 자리에 있던 일톤 트럭
먼지에 눌리다가 번호판 달아난 그 트럭도
어디 갔는지 사라지고 없다

별 소문도 없이 서 있던 오동나무
칙칙한 그늘 반경에 높게 철막이 둘러지더니
어수선한 공기를 냅다 갈아엎었다

>

지하철 도보 2분, 명품 학군, 500미터 이내 대형마트 세 곳

품위 없이 남은 것들 일제히 무너지고 나니
숨었다 드러나는 땅 냄새 위에
초역세권 아파트 분양, 낱장광고 날린다

맺히고 아팠던 게 금싸라기 된다는 걸
너 안에, 내 안에, 갇혀있는 그게 있다는 걸
말로만 공갈 빵빵 치면서도
우린 정말 몰랐다

사는 건 가끔 놀랍고, 맹랑하다

감나무 청문회

닭백숙 먹던 감나무식당 마당
잎 퀭한 가지 끝마다 주홍감이 주렁주렁
덜 익었는지, 다 익었는지
잠이 깊어 제대로 분간은 못 했지만
개꿈인지, 재수 꿈인지
물 좋은 파랑 하늘에 고 붉은 게 얼마나 탐스럽던지

고거 한 번 따 먹어 보겠다고
부러진 장대를 휘엉휘엉 메치는 바람잡이
그늘 깔고 드러누워 입 크게 벌린 하마 군단
곧 부러질지도 모를 나뭇가지에 앉아 삿대질하는 사공
바지춤 쥐어틀고 도끼질하는
붉고 푸른 배지들이 북새통이더군

뭔 땡감에 저리 목숨 거냐 싶어
두 눈 비비고 비볐더니
불그레한 자리마다
그 뭐야, 영감 대감 상감 등등

끗발 높은 당상들이 어화둥둥 매달렸더군

줌렌즈 피사체마냥 둥둥감투 통편집 한다고
머리통이 커졌다, 작아졌다
뭔 액션영화 찍는 줄 알았구먼!

것 봐, 언제 꼭지 빠질지 모르면서도
달라는 대로 줄 순 없대잖아

허수아비 변천사

바람을 빌미로 거듭해온 변신의 허수아비가
어느 날 제 몸에 바람을 불어 넣었다

춤으로 새들을 불러보지만
모여든 새는, 아무도 배고파 보이지 않았다

발밑의 새를 만나던 과거는 이제 없다

도도한 외발로 하루를 견디고
흐느적흐느적 일어나는 동작 보이다가
어두운 것에 빰 맞고 픽 쓰러진다

허수아비 하루는 누웠다 일어나기의 반복이다

밤낮 바뀐 아이 울음에서
날개 더듬거려 새를 흉내 내어 보지만
잠 놓친 지금 시간은 어두운 두 시

>

잠 못 들고 걸어 다니는 사람들 틈
부푼 몸으로 추는 춤이란
도무지 놀라울 것 없는 펄럭임

그 자리에 세워 둔 누군가를
내 분신 허수아비는
하염없이 원망하고 있다

천년의 데이트

계란턱 그녀는 계란 스크램블을 즐겼다

품위를 차리며 식판이 도착할 시각에 맞춰
다혈질의 나는 프라이팬을 달군다
올리브기름 두르고 오래된 편지를 뒤적인다

기다림을 둘로 으깬 껍데기 안에서
끈적끈적 간신히 남은 흰 멍울 곁눈을 돌리면
흔들거리는 달력 앞에서 나는 주저앉지도 못한다

살짝 치매기 있는 통증을 데리고
겨울 밖에 앉아 몸 일으키는데
아침 일곱 시 떠들썩한 식량수레가
동쪽 성문 안으로 무거운 바퀴로 굴러든다

부러진 나뭇가지는 붕대를 매단 채 굳어가고
천년에 천년이 곱해지듯 달이 바뀌고

>

붉어진 눈 거죽만 빼면
그런대로 알찬 연애인 듯
변기에 부딪힌 얼굴과 팔꿈치관절 사이로
슬픔과 새벽이 덜렁 덜렁거려도
밤새 뜬 눈으로 번을 서던 내게
그녀가 국자로 퍼준 흩어지지 않은 달

노른자를 남기고 프라이는 익어갈 참이다
미리 가스레인지도 껐다, 이별을 준비하는 통증엔
백약이 무효인 걸 알아
그래도 남은 열로 나는 너를
포근하게 익혀 주었다

스크램블이 입에 맞으면 또 만나요
하루에서 하루로 건너가는 구간은 천년
그녀의 편지는 매일 만나자고 그렇게 쓰여 있다

벌떡

날카로워진 행운목 잎에 어스름이 들기 시작했다
어두운 게 저절로 배어나오는 오래된 식탁
아내가 삶아놓고 간 계란 껍데기를 벗기고 있는데
우두커니 나를 바라보는 빈방 세 개
불협의 줄을 튕기고 싶은 기타는 벽에 기댄 채
스위치를 올리면 보이지 않는 건 죄다 사라질 거실의 공기를 텅, 텅, 텅
흔드는 거였지, 방마다 시무룩한 신음소리가 들렸다
노른자는 목이 막힌다는 것을 아는 나
나는 어두워질수록 벌떡 일어나야 한다고
여섯시 반의 무릎을 우두둑 세운다
흩어진 알의 껍데기들이 손톱 밑을 찔러왔다
최후 몸짓조차도 저항인 레지스탕스 같았다
떠나 갈 너를 알뜰히 벗겨내고 나니
입안에 고인 침이 먼저 목젖을 적셔오고

위험한 벽

기 대 지 마 시 오
낡아서도 붉다
엘리베이터 벽에 붙은 글자

꽃 피우다 제라늄 힘 부쳤다
서 있기에도 벅차 세워진 막대기에 기대었다
투정이다

기 대 하 지 마 시 오
빗금이다
손사래는 한술 더 뜬다

의지하는 건 죄다 위험한 거라고
벽에 찍힌 그림자 혀 끌끌 찬다
세상엔 믿을만한 것이 없다 한다

비스듬 열리는 문 사이로 화들짝 몸을 빼다
낯선 새벽에 이르는 것이지
그러고 보면 우리는

해설

비 서정적 소통이 가지는 멋과 매력

신상조 | 문학평론가

1. 웃음에 응축된 비판정신

모두는 아니겠으나 홍준표 시인 연배의 시인들 시집을 펼치면 그들의 지나온 시간이 아득하게 펼쳐지곤 한다. 과거의 기억이란 작가에게 문학의 보물창고란 말이 있듯이, 그들이 그 오래된 창고에서 남몰래 쓰다듬고 만지작거려 차라리 손때 묻은 자신의 기억들을 하나씩 꺼내놓을 때마다 그것이 진정 '보물'임을 깨달은 적이 적지 않다. 그들의 꿈과 한숨, 맹목과 치기, 성공과 실패로 드러나는 어둡거나 뜨거운 개인사가 회전문처럼 나를 밀어 문득 나 역시 세월의 어느 모퉁이로 되돌아간 적이 어디 한두 번이던가.

홍준표 시인의 『구조적 못질』은 저러한 기대 아닌

예상을 보기 좋게 배반하며 시인 특유의 호탕하고도 능청스러운 화법으로 우리를 맞이한다. 가령 '갑의 횡포'로 유명했던 일전의 대한항공 회항 사건을 놓고 시인은, '일등석'에 앉는 자들이 앓고 있는 '모두를 미워하는 알레르기'가 사건의 빌미를 제공했다고 너스레를 떤다. 화자의 걸쭉한 입담은 시를 읽은 우리로 하여금 사회적 모순에 대한 비판의식을 감추기 위해 짐짓 극중 인물들의 과장된 행동과 대사로써 웃음을 유발했던 판소리의 연행을 떠올리게 만든다. 서사에서의 행동과 대사를 시에서 담당하는 게 화자라면, 홍준표 시에서 드러나는 화자의 목소리나 태도가 그러하기 때문이다. 이 시는 시적 주체의 정서적 고백은 거두절미한 채 사건과 상황만으로 독자의 감정을 부추긴다.

> 스튜어디스가 봉지째 주는 심심풀이 땅콩 말이여
> 그거 체질 안 맞으면 알레지가 장난이 아니라던데, 잘못 먹다가는
> 보잉 동체가 휙휙 돌아간다나 뭐라나
>
> (…)
>
> 손가락 까딱 못할 정도로 알레지가 심했나 보지
> 봉지째 주지 않는다고 고양이 쥐 후리듯 컹컹댔다며?
> 입정 좋은 소식통마다 설왕설래 대서특필이여

이게 다 일등석 마카다미워 알레지여

—「마카다미워 알레지」 부분

우리 문학에서 비극적인 상황에서도 웃음을 유발하는 요소가 발견됨이 어떤 절망적인 국면에서도 긍정성을 놓치지 않으려는 성향과 관계가 있다면, 홍준표 시의 웃음은 좀 더 풍자적이다. 일차적으로 개인의 정서를 표현하려는 게 시고, 시의 정서를 결정짓는 중요한 요인이 화자의 어조나 태도라는 점에서, 우리는 매우 호기롭고도 유머러스한 화자를 만난 셈이다. 자본주의적 삶에 관한 무거운 인식과 질문을 예사스럽고도 우스운 경험과 함께 버무려 일상어로서 풍자하고 있는 또 다른 시를 만나보자.

밑으로 먹고 위로 싼 똥이 보리수나무 우듬지에 질펀하다

구멍 없는 나무가 무슨 똥을 싸느냐고?
세상에 먹고도 안 싸는 놈 있다더냐
나무라고 먹은 게 있는데 왜 똥을 안 싸겠느냐
찍 소리 없는 순둥이도 일 년에 가을 한 번은
황금 똥 내지른다

가끔 팥죽처럼 끈적끈적 붉은 똥을 지르기도 한다
나무는 낮은 것을 먹고 높은 곳에 똥을 싼다
나무는 관세음보살, 나무관세음보살이다

똥 쭉데기 먹는 초식들도 말이 없고 저절로 온순하다

긴 눈썹 투명하고 큰 눈망울 굴래 굴래
아나, 네 동생 똥이나 빨아먹어라
하신 어머니 말씀대로
일찍부터 나 똥 맛 들이지 않았다면 내 몸엔 몹쓸 냄새 등천했을 것

초식들은 대체로 으르렁거리지 않는다
만일 찢어진 작은 눈에 번들번들 불똥이 오간다면
틀림없이 흔한 똥 대신 고기 덩어리에 맛을 들인 걸 게다

그 입으로 고기 먹고 싼 똥은 구린내가 지독하다
먹을 똥 말 똥 제발 재지마라
불똥 튄 고기 먹다 피똥 싸는 거 누가 모르나
이제 나는 척 보면 황금인지 똥인지 알 것 같다

꽃 들고 가느냐 마느냐 자본주의와 전쟁할 때도
똥 무더기 들었다 하면 속웃음 흐뭇하다

— 「먹을 똥 말 똥」 전문

풍자諷刺를 글자 그대로 풀이하면 '바람결風에 실려 오는 말言을 찌른다刺.'는 뜻이라고 한다. 그것을 뒤집어 '말을 바람결에 실어 가볍게 찌른다.'로 해석해도

무방한 풍자의 사전적 의미는 세상의 잘못된 점을 꼬집는 것이라 할 수 있다.

세상의 모순이나 비속함 등을 우회해서 비판하는 태도에 있어서 풍자와 해학은 다를 바 없다. 그러나 비판의 정신보다 유머를 앞세우는 해학과 달리, 풍자는 기지, 조롱, 아이러니, 비꼼, 조소, 냉소 등을 동원함으로써 대상의 부정적인 면을 적극적으로 비판한다. 당대의 모순과 불합리성을 조롱하거나 증오함으로써 이를 비판하고 고발하는 사회적 문학 양식이 바로 풍자인 것이다. 허나 시인의 능청스러운 독설은 매우 희극적이어서 '으르렁거리'며 '고기 덩어리에 맛을 들인'이 '구린내가 지독'한 세상조차 비극성을 띄지 않게 만든다.

홍준표 시인의 풍자는 아이러니를 사용하는데, 그 아이러니는 부정의 대명사인 '똥'을 긍정의 전면에 내세움으로써 얻어진다. 그의 시에서 나무의 열매나 초식동물들의 '똥'은 구린내가 나지 않기에 주목을 받는 반면, '황금'은 그 찬란한 명성에도 불구하고 오히려 조롱의 대상이 되고 만다. 시인에게 보리수나무에 무수히 달려있는 열매란 실상 나무가 뿌리로부터 빨아올린 양분을 섭취한 후 위로 배설해놓은 '똥'이다. 이처럼 자연의 순환 과정을 동물의 소화와 배설 행위에 비견한 후, 그것을 다시 인체에 접목시키며 나아가는 시인의 상상력은 거침이 없다. 그 과정에서 "나무는 관세음보살, 나무관세음보살이다" 혹은 "아나, 네 동생 똥이나 빨아먹어라"란 입말이 '지르다' '싼다'와 같은 비속한 느낌의 서술어와 더불어 줄줄이 쏟아진다. 유희적 입말의 잦은 사용은 홍준표 시의 한 특징이기도 한데, "불그레한 자리마다/ 그 뭐야, 영감 대감 상감 등등/ 끗발 높은 당상들이 어화둥둥 매달렸더군// 줌렌즈 피사체마냥 둥둥감투 통편집 한다고/ 머리통이 커졌다, 작아졌다/ 뭔 액션영화 찍는 줄 알았구먼!"(「감나무 청문회」)라거나 "내가 뭘 그리 잘못했기에/ 일 년 만에 찾아와서/ 하필이면 18, 18,/ 아침부터 18, 18/ 그러고는 2만 칭찬합시다?"(「봄맞이」) 등이 바로 그러하다. 비속어가 섞인 이러한 유의 입말에 힘입어 「먹을 똥 말 똥」에는 '똥'이 더럽고 구리다는 사회적 통념이 애초에 들어설 자리가 없다. 이 지점이 아마 홍준표 시의 중요한 포인트일 것이다.

「먹을 똥 말 똥」에서 화자의 직설은 거친 언어를 해학으로 승화시켜 자본주의적 사회에 대한 비판의 '미학'으로 삼는다. '황금'이 '구린 똥'과 등가를 이루고 '똥'이 '꽃'으로 치환되는 홍준표의 시는 복잡한 유비 구조에 의지하기보다 능청스러운 웃음으로서 자본주의와 대항한다. '웃음'은 그의 시를 이루는 내용이자 형식인 것이다.

2. 만다라에서 '시'를 꺼내다

시는 객관적 근거나 논리로 다 설명할 수 없는 깊이를 지닌다. 객관적 지식이나 정보만으로는 한 편의 시를 너끈히 해석하기가 불가능한 이유가 그래서이다. 시적 언어가 완고하거나 단일한 의미로 환원되지 않듯이, 시에서의 상황 역시 일목요연하게 자신을 요약하거나 드러내지 않는다. 오히려 시는 그 모두를 거부함으로써 '한 편의 시'에 도달한다. 인용할 시 역시 마찬가지다. 「만다라 속의 새를 꺼내다」를 읽으며 그 의미를 생각하다가 길을 잃는다면, 역설적이게도 당신은 '모든 것이 하나가 되는 상징이자 조화와 균형의 상징'인 만다라 속의 중심, 즉 한 편의 시에 내재한 중심에 불현듯 도달한 것일는지 모른다.

뚝 부러진 마른 감나무 옹이에서
깃털 검푸른 새 솟아오른다

날씨는 이렇게 푸르고 멀쩡한데
캄캄한 물, 난데없이 덜 떨어진 이무기가
긴 꼬리로 내 허리를 냅다 감더니 패대기친다

강에선지 늪에선지 잘 모르겠지만
아무리 생각해도 꿈이 아니고서는
이건 정상이 아닌 듯 정신을 차릴 수도 없다

공중을 돌아보는 내 몸통은 밤새 뒤척이며
날 샐 때까지 잘린 몸 찾아 전전긍긍
공돈을 주겠다는 말도, 집을 지어주겠다는 말도
귀에 들어오지 않았다

귓불에 뿜어대는 훅훅 어두운 빛줄기도
몸 끝을 데우는 흰 손의 애무도
구멍구멍 뚫린 내 뱃속 막을 수 없어
그냥 원래대로 몸뚱아리만 붙여 달라는
생떼 쓰듯 소원이 생겨나고 있었다

날아간 새들을 잡으려면 나도 그도
시간이 필요하겠다
시퍼렇게 날 설 때까지 새로 벼려야 할 칼날
치밀어 오르는 울화를 놓고 어느 부위 먼저 잘라야 할지
나 지금 계시를 기다리는 중

말라서 저절로 몸 무너뜨릴 감나무에게는
누가, 빨리 어두워지라고
어떤 작당을 한 게 분명하다

―「만다라 속의 새를 꺼내다」 전문

인간이 무의식중에 형상화하고 있는 심리적인 상태를 기본 도형으로 나타내자면 대략 여섯 가지 정도라고 한다. 삼각형, 사각형, 십자, 나선, 원, 그리고 만다라가 그것이다. 그 중에서 만다라에 관한 글은 "행자

가 명상을 통하여 우주의 핵심과 합일하고자 하는 깨달음의 안내도이다."라는 게 가장 간단한 소개가 아닐까 싶다. 한편으로 "만다라란 산스크리트어로 본질mandal + 소유la로 이루어진 말로서, 우주의 본질이 가득한 원형의 바퀴를 말한다."는 누군가의 설명에서 엿볼 수 있듯이, 여러 가지 형태로 드러나는 만다라의 추상적 의미는 무엇보다 본질과 영원을 상징하는 것이라 여겨진다.

이 시는 제목으로 말미암아 저러한 만다라에 대한 상식을 우선 필요로 하거니와, 제목이 부여하는 상징성은 이 시의 사물들을 자연스레 상징으로 읽게 만든다. 해서 우리는 시에서의 새를 단순한 사물로서의 새가 아니라 일종의 신앙적이고 상서로운 새祥瑞鳥로 읽어내고 싶은 욕구를 느낀다. 신령한 새와 짐승에 대한 관념은 동서양을 막론하고 신화에서 '날개'의 형태로 형상화되어 왔다. 예컨대 서양의 페가수스나 동양의 천마는 말馬에 새의 날개를 조합함으로써 초현실적인 에너지의 실물성이 바로 새의 날개임을 입증한다. 초월적인 존재에 흔히 동원되곤 하는 옷자락이나 구름의 형태 역시 마찬가지다. 인간이 새에 대해 가졌던 동경은 하늘에 대한 동경의 소산인 셈이다. 그리고 이 지점에서 우리는 '마른 감나무 옹이에서 새가 솟아'오르자마자 "난데없이 덜 떨어진 이무기가/ 긴 꼬리로 내 허리를 냅다 감더니 패대기친다"는 대목을 상기하기에 이른다.

성서에서 '뱀'이 아담과 하와를 유혹한 부정의 대명사라면, 동양 사상에서 뱀이나 구렁이는 재물과 부를 상징한다. 그렇다면 이 시는 '새-꿈 · 생명 · 너머의 초월', '뱀-현실 · 문명 · 부조리한 실존' 등으로 의미상 대조를 이루고, 구멍구멍 뱃속에 구멍이 뚫린 '나'는 재물로 대변되는 현실적 욕망과 관련해서 자기부정의 처지에 놓인 화자인 걸까?

"날아간 새들을 잡으려"는 '나'는 그렇다 치고 '그'는 대체 누구인지, 깃털 검푸른 새가 왜 하필이면 "뚝 부러진 마른 감나무 옹이에서" 솟아오른 건지, 공돈을 주고 집을 지어주겠다며 회유하는 이가 누구며 그 이유는 무엇인지, 이 시는 독해에 필요한 많은 부분을 미지에 남겨둔다. "잘린 몸 찾아 전전긍긍"하는 게 '나'이고, 그 '나'를 "말라서 저절로 몸 무너뜨릴 감나무"와 동일시하기에 필요한 징검다리가 너무 멀다. 우리는 깨어지고 어긋난 만다라의 도형을 맞추려고 하면 할수록 무한한 모순에 봉착할 수밖에 없음을 깨닫는다. 하긴 모순적이지 않다면 그걸 언어로 그려내는 만다라라고 할 수 있을 것인가.

이렇듯 홍준표의 시편들 중에는 구성이 단순하고 불필요한 장식이 부재함에도 난해한 시편들이 더러 있다. 이는 인간의 복잡한 내면을 상상하는 그의 상상력이 자세한 설명이나 진부하고 상투적인 언어를 피하려는 노력에서 빚어진다. 따라서 「만다라 속의 새를 꺼내다」를 가장 훌륭하게 독해하는 방법은 독자에 따른 편차를 인정하고 그들의 상상력을 전면에 내세우는 거다. 여기서는 다만 그의 다른 시편들에서 발견한 '긍정으로서의 새 이미지' 중 하나를 독해에 필요한 열쇠로 남겨둘 따름이다.

> 춤으로 새들을 불러보지만
> 모여든 새는, 아무도 배고파 보이지 않았다
>
> 발밑의 새를 만나던 과거는 이제 없다
>
> (…)
>
> 날개 더듬거려 새를 흉내 내어 보지만
> 잠 놓친 지금 시간은 어두운 두 시
>
> —「허수아비 변천사」 부분

3. 현실로서의 문학

문학에서 생존의 양상은 대략 두 가지로 나뉜다. 그것은 첫째, 무엇을 보유하거나 소유 · 지배한다는 의미에서의 생존이 지닌 문제점으로 드러난다. E. 프롬은 주체에 대한 표현이 '나 자신'이 아니고 '나는 내가 가진 것'이라는 데서 우리 삶의 관계가 살아 있는 관계가 아닌 죽어 있는 관계가 된다고 설명한다. 그에 따르면 무엇인가를 영원히 소유한다는 말은 물체가 영속적이고 파괴될 수 없다는 환상에 바탕을 둔다. 파괴될 수 있고 잃어버릴 수도 있으며, 그 가치가 없어질 수 있기에 객체는 비영속적이다.

주체 또한 비영속적이다. '나는 무엇을 가지고 있다'는 문장은 주체인 나'와 객체인 대상 사이의 관계를 표현하는 말이지만, 언젠가 죽을 몸인 주체는 영속적이지 못할뿐더러 무엇을 소유하도록 보장해주는 사회적 지위를 잃을 수도 있다. 결과적으로 주체가 무엇을 보유하거나 소유·지배한다는 것은 사는 과정에서 스쳐가는 한순간에 불과하다.

문학에서 나타나는 두 번째의 '생존'은 홍준표의 시에서 다루는 유의 생존이다. 시인이 문제 삼는 생존은 우리가 욕망이나 탐욕이라 표현하는, 재산을 취득하고 취득한 재산을 보유하는 무제한의 권리와는 거리를 둔다. "등골이 휘어야 먹고사는 의자들은/ 모두 슬픈 눈을 가졌다"(「어둠 속 의자들」)라고 시인이 표현하다시피, 먹고 사는 것을 걱정하는 주체들의 생존은 문자 그대로의 '살아남음'에 가깝다. "온종일 쪼그려 앉아 있던/ 무릎 노란 참외를 사왔는데/ 골 진 몸에 안쓰러운 횡단보도 들었다/ 검스레 꼭지 곯은 자리도 있다/ 좀 심하네, 물려올까 했으나/ 땡볕 매연 한꺼번에 받아먹은/ 더위 값이 얼마냐며/ 아내가 손 내젓는다"(「더위 팔기」)라며 화자가 연민으로 넘어가는 저 '검스레 꼭지가 곯'은 참외는 실상 도시의 매연에 찌든 참외장수의 몸이자 삶인 것이다.

생존의 고단함이 존재의 숭고함을 삼켜버린 시는 자칫 '예술'에 미치지 못한다. 그러나 생존의 절박함에 무감각하거나 생존의 문제를 영영 잊어버린 시는 예술도 뭣도 아니다. 왜냐하면 '밥벌이'로 요약할 수 있는 생존으로부터 자유로운 사람은 아무도 없거니와, 그 구차한 표정의 굴레에 속박당해보지 않은 영혼이, 한 그릇의 밥에 자신의 노동과 정신을 팔아보지 않은 영혼이 꿈꾸는 '여기에서 저기로의 탈주'란 한갓 포즈에 불과하기 때문이다. 그런 의미에서 홍준표의 시는 뜨겁고 치열하다.

> 아비규환 물정 모르는 순진한 꼬꼬댁이
> 가진 돈 몇 푼 다 말아먹고 비워 준 가게
> 팔목 떨어진 마네킹이 지키는 가게
> 때 묻은 앞치마가 저 혼자 펄럭이는 가게
>
> 양품점이 들면 양품전이 나가고

바게트가 들면 바게트가 나가고
치킨이 들면 치킨이 나가고
덴 가슴과 생가슴을 드러낸 인부들이
다시 인테리어를 시작하는 가게

하루 일당 어치만큼 구조는 바뀌어 있고
못질하는 문과 문의 거리에서
끊임없이 부화하는 구더기 파리로 날아오르는 가게

어쩌면 내부수리보다 외부수리가 시급한 가게

—「구조적 못질」 부분

시집의 표제작이기도 한 이 시의 제목에서 '구조적'은 형식형태소인 접미사 '-적的'이 구조조정Restructuring이라는, 기업체에서 주로 사용하는 용어와 결합한 느낌을 강하게 풍긴다. 본문에서 일당을 받고 일하는 인부들의 노동으로 건물의 구조가 바뀐다고 기껏 이야기하는데도 그렇다. 필시 시인이 의도했음 직한, 제목의 중의성이 불러온 효과다.

보다시피 시는 상황의 절박함으로 말미암아 제목에서의 '구조'가 건물 내의 공간을 가리킴에도 불구하고 구조조정의 '구조'를 자연스레 연상시킨다. 우리는 양품점에서 제과점으로, 제과점에서 통닭집으로 변신하는 한 건물 내의 임대 과정을 지켜보는 게 아니라 시작했다가 망하고, 개업과 전업과 폐업을 반복하다 끝끝내 자본주의의 수레바퀴 밖으로 밀려나는 우리네 소시민들의 자화상을 목격한다. 하지만 여기까지 읽고 그친다면 이 시를 지나치게 단순화하는 것이다. 시 속의 건물은 삶의 다양한 국면과 복잡하게 얽힌 채 "내부수리보다 외부수리가 시급"할 정도로 낡아 있다. "아비규환 물정 모르는 순진한" 이들이 모여드는 곳은 개발에 뒤처진 지역이므로 무엇을 시작하든 이미 몰락이 예정되어 있는 것이다. 이 시의 긴장성은 슬럼가에 해당하는 공간적 배경이 갖는 이러한 위기감에서 발생한다. 팔목 떨어진 마네킹이 을씨년스럽게 서 있고, 때 묻은 앞치마가 저 혼자 펄럭인다. 썩어가는 문과 문의 틈새에 구더기가 들끓고, 거기서 부화한 파리가 소리를 내며 날아다닌다. 이 디스토피아적인 공간에서 땅, 땅, 땅, 못질이 계속된다. 그리고 그 못질이 환기하는 이미지는 역동적이라기보다 암울한 미래를 예시하는 듯 어둡고 불쾌하다.

홍준표의 시에서 현실에 대한 인식과 판단은 다양한 형태로 드러난다. "몸 붙였다 해봤자 금 간 자리지만/ 낡은 벽에 빗물이 들까 싶어/ 미운털 박힌 줄기 움켜쥐고 힘 잔뜩 주기도 했었는데/ 틈을 끈질기게 쥔 뿌릿발이 더 억세었는지/ 해마다 그 틈의 자리는 까마중 차지다”(「후진이 있었다」)처럼 자동차 바퀴에 몇 번을 치이고도 씨를 퍼트리는 식물의 끈질긴 생명력을 주시하거나, “가라데 고수 최영의가 그랬다// 뿔 잡고/ 손 모로 세워/ 빠져라, 빠져라/ 마구마구 치는 거야”(「DNA」)라며 인용을 빌어 특유의 입말을 쏟아놓는다. 일상에서 마주친 깨달음을 “구멍은 노래한다/ 삼키기 위한 것이 아니라 토하기 위한 것이라고/ 위아래든 양쪽이든 통로여야 한다고/ 함정이 곧 함정이라고/ (…)/ 이쪽으로 들어갔다가 저쪽으로 빠져나오는/ 금빛 여우의 날렵한 털이/ 동물의 왕국을 얼마나 반짝이게 하는지를”(「구멍론論」)과 같이 우의적으로 노래하기도 한다.

대화로 요약하는 일상 또한 그의 시에서 자주 만날 수 있다. “이거 우예 하노?/ 스마트폰 시작패턴을 설정하려고 아들에게 물었더니/ 아빠가 함 해보세요”(「꽤 오래된 레코드」)라거나, “식구들 모여 청소를 한다. 마침 휴가 중인 큰놈이 거들다 말고 옆에 턱 눕는다. 저는요, 아버질 꼭 닮고 싶어요. 서른도 훨 넘은 놈이 날 닮겠다니 영 잘못 살진 않았구나. 은근 엔도르핀 돌아도 당연한 듯 쳐다보았더니 전요, 손끝 까딱 안 하는 아빠처럼 살고 싶어요”와 같이 “웃다 떨어진 제라늄 꽃에/ 베란다는 빨개”(「그 나물에 그 밥」)질 만큼 따뜻한 웃음을 가져다주는 일상은 그의 시에서 흔히 볼 수 있는 풍경이다. 이렇듯, 장성한 아들과의 소소한 일상을 빌어 잠시 과거로의 회귀를 꿈꾸거나, "그대 내 곁에 선 순간 그 눈빛이 너무 좋아…"(「부활의 전언傳言」)와 같은 대중가요의 가사로서 '피정 사십 일의 영성'을 귀하고 높은 곳이 아닌 세속의 낮은 데로 겸허하게 내려놓기도 한다.

그렇더라도 시적 대상에 대한 풍자나 시인이 좇는 가치를 우위에 놓는 그의 시는, 정감 가득한 서정성으로 좀체 수렴되지 않는다. 속화된 사회를 비판적으로 바라보는 그의 시에서 걸쭉한 말과 행위는 이따금 과잉으로 비춰지는데, 이는 아이러니하게도 감정을 통제하는 역할을 담당한다. 여기에 더해 내면에 응결된 감정과 시적 직관이 상상력에 이끌려 서정적이지 않은 방식으로 분출된다는 점 또한 그의 시를 일반 서정시와 구분 짓게 만드는 요인이다.

우리들의 정서에 물기를 제공하는 손쉬운 위로를 거부하는 데서 시인의 시는 출발한다. 때문에 그의 시는 쉽게 소비하고 배설하기가 어렵다. 정감에 호소하는 대신 생각과 공감을 유도하는 시! 홍준표 시의 멋과 매력이다.

형상시인선 13 **홍준표 시집**

구조적 못질

인쇄| 2017년 5월 26일
발행| 2017년 5월 30일

글쓴이| 홍준표
펴낸이| 장호병
펴낸곳| 북랜드
06252 서울 강남구 강남대로 320, 1108호(황화빌딩)
대표전화 (02) 732-4574 | (053) 252-9114
팩시밀리 (02) 734-4574 | (053) 252-9334

등 록 일| 1999년 11월 11일
등록번호| 제13-615호
홈페이지| www.bookland.co.kr
이-메 일| bookland@hanmail.net

책임편집| 김인옥
교 열| 배성숙

ISBN 978-89-7787-719-1 03810
값 10,000 원